D1683427

Denn unser Kampf geht nicht gegen Fleisch und Blut,
vielmehr gegen die Mächte und die Kräfte,
die Weltbeherrscher dieser Finsternis,
die bösen Geister in den Himmelshöhen.

(Eph 6, 12)

John Vennari

Die Ständige Anweisung der **Alta Vendita**

Ein freimaurerischer Plan
für den Umsturz
in der katholischen Kirche

Titel des Originals:

The Permanent Instruction
of the Alta Vendita
A Masonic Blueprint for the Subversion
of The Catholic Church

© 1999 by John Vennari

Das Büchlein ist von einem Artikel, der ursprünglich in der Ausgabe Februar 1997 der *Catholic Family News*, MPOBox 743, Niagara Falls, New York 14302, veröffentlicht worden ist adaptiert. Die *Catholic Family News* erscheinen monatlich. Probeexemplare sind auf Wunsch erhältlich.

Ins Deutsche übertragen
von H.H.Dr. Gregorius D. Hesse

ISBN 3-901851-18-6

© 2000 by REX REGUM VERLAG
A-3542 Jaidhof 1

INHALTSVERZEICHNIS

Ein Abriß • 9
Ist es möglich? • 11
Die Echtheit der *Alta Vendita* Dokumente • 12
Die Ständige Anweisung der *Alta Vendita*
Die Aufklärung, mein Freund, „ist in den Wind gesät" • 14
„Liberale Katholiken" • 22
Papst Pius X. und der Modernismus • 23
Die Kurie ist auf der Hut • 25
Kanonikus Rocas revolutionäre Delirien • 27
Das Große Konzil, das es nie gab • 29
Roncalli „erteilt dem Ökumenismus die kirchliche Weihe" • 30
Die Revolution Papst Johannes' XXIII. • 32
Unter einem neuen Banner marschieren • 34
Jubelrufe von den freimaurerischen Zuschauerrängen • 37
Ein Bruch mit der Vergangenheit • 40
Der Status der Dokumente des II. Vatikanums • 43
„Eine Revolution in Tiara und Chormantel" • 46
Der Leidensweg der Kirche • 47
Nur Sie kann uns helfen • 49

Anhang I
Der Haß der Freimaurerei auf die katholische Kirche • 52
Die Päpste gegen das Neuheidentum • 53
Papst Leo XIII. • 55

Anhang II
Der Antimodernisteneid • 60
Gebet für die Bekehrung der Freimaurer • 65

*„Unser Ziel ist jenes von Voltaire
und der Französischen Revolution:
Die vollkommene Vernichtung des Katholizismus
und selbst der christlichen Idee."*

aus: Die Ständige Anweisung der Alta Vendita

Wenige Katholiken kennen *Die Ständige Anweisung der Alta Vendita*,[1] ein im frühen 19. Jahrhundert geschriebenes Geheimdokument, das einen Plan für die Unterwanderung der katholischen Kirche entwarf. Die *Alta Vendita* war die höchste Loge der Carbonari, einer italienischen Geheimgesellschaft mit Verbindungen zur Freimaurerei, die, mit der Freimaurerei, von der katholischen Kirche verurteilt wurde.[2] P. E. Cahill S.J. stellt in seinem Buch *Free-*

---

[1] *Anm. d. Übersetzers: Alta Vendita (Betonung auf dem „i")* ist eine nicht mehr gebräuchliche Form des italienischen *alta vendetta*, was soviel heißt wie „edelmütige" oder „vornehme Rache". José Maria Kardinal Caro, der ehemalige Erzbischof von Santiago de Chile, schreibt *Alta Vendetta*: Cf. José Maria Cardenal Caro, *The Mystery of Freemasonry Unveiled* (Christian Book Club of America, Palmdale, California 1992), S.221. Bischof Dr. Rudolf Graber zitiert in Fußnote 64 seines Buches *Athanasius und die Kirche unserer Zeit* (J.Kral, Abensberg 1996) den vollständigen Titel der *Ständigen Anweisung*: „Istruzione permanente, Codice e guida pratica dei Preposti all'alta massoneria" (Ständige Anweisung, Kodex und praktischer Führer der Vorgesetzten der hohen Maurerei) und eine Übersetzung der wichtigsten Textstellen (die hier Verwendung findet) aus: G.M. Pachtler, *Der stille Krieg gegen Thron und Altar oder das Negative der Freimaurerei, nach Dokumenten* (Amberg 1876), SS. 83-84; 87; 91f.; 92; 94f.

[2] Cf. *Kirchliches Hand-Lexikon* (Leo-Gesellschaft, Wien 1907), SS. 842; 1537-1538.

masonry and the Anti-Christian Movement (Die Freimaurerei und die antichristliche Bewegung) fest, daß die *Alta Vendita* „zu dieser Zeit allgemein für das führende Zentrum der europäischen Freimaurerei gehalten wurde." [3] Die Carbonari waren hauptsächlich in Italien und Frankreich tätig.

In seinem Buch *Athanasius und die Kirche unserer Zeit* zitiert Bischof Graber einen Freimaurer, der erklärte: „Nicht mehr die Vernichtung der Kirche ist das Ziel [der Freimaurer], sondern man sucht sie zu benützen, indem man in sie eindringt." [4]

Mit anderen Worten: Da die Freimaurerei die Kirche Christi nicht vollkommen auslöschen kann, plant sie, nicht nur den Einfluß des Katholizismus in der Gesellschaft auszumerzen, sondern auch die Struktur der Kirche als ein Instrument der „Erneuerung", des „Fortschritts" und der „Aufklärung" zu benützen, um viele ihrer eigenen Prinzipien und Ziele zu fördern.

---

[3] Rev. E. Cahill, S.J., *Freemasonry and the Anti-Christian Movement* (Dublin: Gill, 1959), S. 101.

[4] Yves Marsaudon, *L'oecuménisme vu par un franc-maçon de tradition* (Editions Vitiano, Paris IXe, 1964); zitiert in: Bischof Dr. Rudolf Graber, *Athanasius und die Kirche unserer Zeit* (J.Kral, Abensberg 1996), S. 40.

Ein Abriß

Die in der *Ständigen Anweisung der Alta Vendita* dargelegte Strategie ist in ihrer Gewagtheit und Verschlagenheit erstaunlich. Vom Beginn an beschreibt das Dokument einen Prozeß, der Jahrzehnte zur vollständigen Verwirklichung brauchen würde. Diejenigen, die das Dokument entwarfen, wußten, daß sie seine Umsetzung nicht mehr erleben würden. Sie begannen eine Arbeit, die durch nachfolgende Generationen von Eingeweihten fortgeführt würde. Die *Ständige Anweisung* sagt: „In unseren Reihen stirbt der Soldat, aber der Kampf geht weiter."

Die *Anweisung* fordert das Aussäen liberaler Ideen und Grundsätze in der ganzen Gesellschaft und innerhalb der Einrichtungen der katholischen Kirche, so daß Laien, Seminaristen, Kleriker und Prälaten im Laufe der Jahre Schritt für Schritt von fortschrittlichen Prinzipien durchdrungen würden.

Mit der Zeit würde diese Geisteshaltung so durchdringend sein, daß Priester geweiht, Bischöfe konsekriert und Kardinäle ernannt würden, deren Denken mit der modernen Gedankenwelt, verwurzelt in der *Deklaration der Menschenrechte* der Französischen Revolution und den „Prinzipien von 1789" (Religionsgleichheit, Trennung von Staat und Kirche, religiöser Pluralismus etc.), im Gleichschritt sein würde.

Eventuell könnte dann aus diesen Reihen ein Papst gewählt werden, der die Kirche auf den Weg der „Aufklärung" und der „Erneuerung" führen würde. Sie stellten heraus, es wäre nicht ihr Ziel, einen Freimaurer auf den Stuhl Petri zu setzen. Ihr Ziel war vielmehr, ein Klima zu schaffen, das einen Papst und eine Hierarchie hervorbrächte, die, während sie sich weiterhin für glaubenstreue Katholiken hielten, von den Ideen des liberalen Katholizismus eingenommen sein würden.

Diese katholischen Führungspersonen würden sich nicht länger den modernen Ideen der Revolution widersetzen (wie das die ständige Praxis der Päpste von 1789 bis 1958 – dem Tod Pius XII. – war, die diese liberalen Prinzipien verurteilten), sondern sie mit der Kirche verschmelzen lassen. Das Endergebnis wären ein katholischer Klerus und Laien, die unter dem Banner der Aufklärung marschieren würden, während sie beständig meinten, sie marschierten unter dem Banner der Apostolischen Schlüssel.

Ist es möglich?

Für diejenigen, die diesen Plan für überspannt halten – ein Ziel, viel zu hoffnungslos, als daß der Feind es je erreichen könne –, sei bemerkt, daß sowohl Papst Pius IX. als auch Papst Leo XIII. die Veröffentlichung der *Ständigen Anweisung* verlangten, zweifellos um zu verhindern, daß solch eine Tragödie jemals Wirklichkeit werde.

Sollte es indes einmal zu solch finsteren Zuständen kommen, dann gäbe es offensichtlich drei unverwechselbare Erkennungsmerkmale:

1) Es würde eine Umwälzung von einer solchen Größenordnung hervorrufen, daß die ganze Welt erkennen würde, daß es innerhalb der katholischen Kirche eine größere Revolution auf der Linie der modernen Ideen gegeben hätte. Es wäre allen klar, daß ein „Auf-den-neuesten-Stand-bringen" stattgefunden hat.

2) Eine neue Theologie würde eingeführt werden, die im Widerspruch steht zu den vorhergehenden Lehren.

3) Die Freimaurer selbst würden ein Triumphgeschrei anstimmen in dem Glauben, der Kirche sei endlich „ein Licht aufgegangen" in solchen Punkten wie der Gleichheit der Religionen, des laizistischen Staates, des Pluralismus und anderen möglichen Kompromissen.

Die Echtheit der *Alta Vendita-Dokumente*

Die Geheimakten der *„Alta Vendita"* der Carbonari, die Papst Gregor XVI. in die Hände fielen, umfassen einen Zeitraum, der von 1820 bis 1846 reicht. Sie wurden auf Verlangen Gregors XVI. und später Pius' IX. von Cretineau-Joly in seinem Werk *Die römische Kirche und die Revolution* veröffentlicht.[5]

Durch das Approbationsbreve vom 25. Februar 1861, das er an den Verfasser richtete, hat Papst Pius IX. die Echtheit dieser Dokumente bestätigt, aber er erlaubte niemandem, die wirklichen Namen der Mitglieder der Alta Vendita zu enthüllen, die in diese Angelegenheit verwickelt waren.

Der vollständige Text der *Ständigen Anweisung der Alta Vendita* ist auch in Msgr. George E. Dillons Buch *Die Freimaurerei des Grand Orient demaskiert* enthalten. Als man Papst Leo XIII. ein Exemplar von Msgr. Dillons Buch überreichte, war er so beeindruckt, daß er die Anweisung gab, auf seine eigenen Kosten eine italienische Ausgabe herzustellen und zu veröffentlichen.[6]

---

[5] Cretineau-Joly, *L'Eglise en face de la Revolution*, 1859, vol.2; repr.: Cirque de la Renaissance Française, Paris 1976. Msgr. Delassus druckte diese Dokumente in seinem Werk *Die antichristliche Verschwörung*, Desclee de Brouwer, 1910, Band III, SS. 1035-1092 ab.

[6] Cf. Michael Davies, *Pope John's Council* (Angelus Press, Kansas City 1992), S.166.

In dem Rundschreiben *Humanum Genus* rief Papst Leo XIII. katholische Führungspersönlichkeiten dazu auf, der Freimaurerei die Maske herunterzureißen und so allen ihr wahres Gesicht zu zeigen.[7] Die Veröffentlichung der vorliegenden Dokumente ist ein Mittel dieser Entlarvung. Und wenn die Päpste die Veröffentlichung dieser Schriften anordneten, so weil sie wollten, daß alle Katholiken die Pläne der Geheimgesellschaften zum Umsturz der Kirche von innen kennten, damit sie wachsam sein und – hoffentlich – das Eintreten einer solchen Katastrophe verhindern würden.

---

[7] Papst Leo XIII., *Humanum Genus* (Karl Haselböck, Freude an der Wahrheit Nr. 63, Wien 1991), S.20.

Die Ständige Anweisung der *Alta Vendita*

Im folgenden nicht die vollständige *Anweisung*, sondern die mit unserer geistigen Auseinandersetzung am meisten in Beziehung stehenden Abschnitte. Das Dokument lautet (Hervorhebungen durch den Verfasser):

Unser letztes Ziel ist jenes von Voltaire und der Französischen Revolution: Die vollkommene Vernichtung des Katholizismus und selbst der christlichen Idee...
Der Papst, welcher es auch sei, wird nie zu den Geheimgesellschaften kommen; es ist Sache der Geheimgesellschaften, den ersten Schritt auf die Kirche hin zu tun mit dem Ziel, sie beide zu besiegen.
Die Arbeit, an die wir uns machen wollen, ist nicht das Werk eines Tages, noch eines Monats, noch eines Jahres; sie kann mehrere Jahre dauern, vielleicht ein Jahrhundert; aber in unseren Reihen fällt der Soldat und der Kampf geht weiter.
Wir haben nicht vor, die Päpste für unsere Sache zu gewinnen, sie zu Neueingeweihten unserer Prinzipien, zu Verbreitern unserer Ideen zu machen. Das wäre ein lächerlicher Traum, und welchen Lauf auch die Ereignisse nehmen mögen –

falls z.B. Kardinäle oder Prälaten mit voller Absicht oder durch Zufall hinter einen Teil unserer Geheimnisse kommen sollten –, so ist das absolut kein Grund, um ihre Erhebung auf den Stuhl Petri zu wünschen. Eine solche Erhebung wäre unser Verderben. Einzig der Ehrgeiz hätte sie zur Apostasie geführt; die Notwendigkeiten der Macht zwängen sie, uns zu opfern. Was wir verlangen, was wir suchen und erwarten müssen, wie die Juden den Messias erwarten, **ist ein Papst nach unseren Bedürfnissen**...
Damit rücken wir sicherer zum Angriff auf die Kirche vor als mit den Schmähschriften unserer französischen Brüder oder selbst mit dem Gold Englands. Wollen Sie den Grund dafür wissen? Wenn wir dies bekommen, brauchen wir, um den Felsen zu sprengen, auf dem Gott Seine Kirche gebaut hat, weder den Essig Hannibals noch Schießpulver, nicht einmal mehr unsere Waffen. Wir haben den kleinen Finger des Nachfolgers Petri in unserem Komplott, und dieser kleine Finger wiegt für diesen Kreuzzug ebensoviel wie alle Urban II. und alle heiligen Bernharde der Christenheit...
Wir zweifeln nicht daran, dieses höchste Ziel unserer Anstrengungen zu erreichen. Aber wann? Und wie? Diese Unbekannte tritt noch nicht hervor. Nichtsdestoweniger wollen wir, da

nichts uns von dem vorgezeichneten Plan abbringen darf, sondern im Gegenteil alles dorthin streben muß, so als ob der Erfolg schon morgen das noch kaum skizzierte Werk krönen könnte, in dieser Instruktion, die für die gewöhnlichen Eingeweihten geheim bleiben soll, den Vorgesetzten der obersten *Venta* [Loge] Ratschläge geben, die sie der Gesamtheit der Brüder in Form einer Unterweisung oder eines Memorandums einprägen sollen (...).

Nun aber handelt es sich, wenn wir uns einen Papst in den erforderlichen Proportionen sichern wollen, zunächst darum, **ihm, diesem Papst, eine Generation heranzubilden, die der Herrschaft, die wir erträumen, würdig ist**. Laßt das Alter und die reifen Jahre beiseite, haltet euch an die Jugend und, wenn es möglich ist, sogar an das Kindesalter (...). Ist einmal euer guter Ruf in den Kollegien, Gymnasien, Universitäten und Seminaren fest begründet, habt ihr einmal das Vertrauen der Professoren und Jünglinge gewonnen, so sorget dafür, daß besonders die Kandidaten des geistlichen Standes euren Umgang suchen. ...

Dieser Ruf wird unseren Doktrinen Zugang mitten hinein in den jungen Klerus und in die Tiefen der Klöster verschaffen. In ein paar Jahren wird durch die Gewalt der Tatsachen dieser junge Klerus alle Posten überschwemmt haben; er wird regieren, verwalten, richten, er wird den Rat des Souveräns bilden, er wird berufen werden, den Papst zu wählen, der herrschen soll, **und dieser Papst wird wie der größte Teil seiner Zeitgenossen notwendigerweise mehr oder weniger von den italienischen und humanitären Prinzipien durchdrungen sein, die wir jetzt in Umlauf zu setzen beginnen.** Ein kleines Senfkörnlein vertrauen wir der Erde an, aber die Sonne der Gerechtigkeiten wird es zur größten Pracht entwickeln, und ihr werdet eines Tages sehen, welche reiche Ernte dieses kleine Körnlein hervorbringen wird.

Auf dem Weg, den wir für unsere Brüder abstecken, sind große Hindernisse zu besiegen, Schwierigkeiten von mehr als einer Art zu überwinden. Erfahrung und Scharfsinn werden darüber triumphieren; aber das Ziel ist so schön, daß es alle Segel zu setzen gilt, um es zu erreichen. Ihr wollt Italien revolutionieren? Sucht nach dem Papst, dessen Porträt wir soeben entworfen haben. Ihr wollt die Herrschaft der Auserwählten auf dem Thron der babylonischen Hure errichten? **Sorgt, daß der Klerus unter eurer Fahne marschiert und dabei immer noch glaubt, er marschiere unter dem Banner der Apostolischen Schlüssel.** Ihr wollt die letzte Spur der Tyrannen und Unterdrücker verschwinden lassen? Spannt eure Netze aus wie Simon Bar Jona, spannt sie aus auf dem Boden der Sakristeien, der Seminare und der Klöster statt auf dem Meeresgrund, und wenn ihr nichts überstürzt, versprechen wir euch einen wunderbaren Fischfang als der seine war. Der Fischer wurde Menschenfischer, und ihr werdet Freunde um den Apostolischen Stuhl gruppieren. Ihr werdet **eine Revolution in Tiara und Chorrock in eurem Netz haben, die mit dem Kreuz und der Kirchenfahne marschiert**, eine Revolution, die nur ein klein wenig angestachelt zu werden braucht, um die Welt an ihren vier Ecken in Brand zu setzen.[8]

Es bleibt uns jetzt zu untersuchen, wie erfolgreich dieser Plan gewesen ist.

---

[8] Cf. Msgr. Delassus, Die antichristliche Verschwörung (Paris, Desclee de Brouwer, 1910), 3. Band, SS. 1035-1092. Der vollständige Text der Ständigen Anweisung der Alta Vendita ist noch publiziert in: Msgr. Georges Dillon, Grand Orient Freemasonry Unmasked (Gill, Dublin 1885; repr. Christian Book Club of America, Palmdale, California, kein Datum), SS. 51-56.
Anm. d. Übersetzers: z.T. wurde hier die Übersetzung von Pachtler verwendet, siehe Fußnote 1.

Die Aufklärung, mein Freund, „ist in den Wind gesät"

Während des 19. Jahrhunderts wurde die Gesellschaft zusehends von den liberalen Ideen der Aufklärung und der Französischen Revolution durchdrungen, zum großen Schaden der katholischen Kirche und des katholischen Staates. Die angeblich „netteren und sanfteren" Ideen des religiösen Pluralismus, des religiösen Indifferentismus, einer Demokratie, die glaubt, alle Autorität komme vom Volk, falsche Begriffe von Freiheit, die Trennung von Staat und Kirche, Religionstreffen und andere Neuerungen ergriffen die Geister eines Europas der Post-Aufklärung und steckten Staats- und Kirchenmänner gleichermaßen an.

Die Päpste des 19. und frühen 20. Jahrhunderts führten in voller Kampfrüstung Krieg gegen diese gefährlichen Tendenzen. In ihrer klarsichtigen Geistesgegenwart, die in einer kompromißlosen Sicherheit des Glaubens wurzelte, ließen sich diese Päpste nicht täuschen. Sie wußten, daß schlechte Prinzipien, egal wie ehrenvoll sie scheinen mögen, keine gute Frucht tragen können; und diese Grundsätze waren aufs höchste böse, zumal sie nicht nur in der Häresie, sondern auch in der Apostasie wurzelten.

Wie kommandierende Generale, die ihre Pflicht erkennen, das Terrain um jeden Preis zu verteidigen, richteten diese Päpste mächtige Kanonen auf die Irrtümer der modernen Welt und feuerten unaufhörlich. Die Enzykliken waren ihre Kanonenkugeln und verfehlten nie ihr Ziel.[9]

Der vernichtendste Schlag kam 1864 in Form des monumentalen *Syllabus der Irrtümer* von Papst Pius IX., und als der Rauch verzogen war, hatten alle an der Schlacht Beteiligten keinen Zweifel mehr, wer auf welcher Seite stand. Die Demarkationslinien waren klar gezogen. In diesem großen *Syllabus* verurteilte Pius IX. die grundlegenden Irrtümer der modernen Welt, nicht weil sie modern waren, sondern weil diese neuen Ideen im pantheistischen Naturalismus verwurzelt und daher einerseits mit der katholischen Lehre unvereinbar, andererseits für die Gesellschaft zerstörerisch waren.

Die Lehren des *Syllabus* waren Anti-Liberalismus, und die Prinzipien des Liberalismus waren ein Gegen-*Syllabus*. Das wurde unzweifelhaft von allen

---

[9] Für ein volles Verständnis der katholischen Lehre gegen die modernen Irrtümer ist es unerläßlich, die päpstlichen Enzykliken und andere Dokumente der Päpste des 19. und frühen 20. Jahrhunderts gegen den Liberalismus, den Modernismus und die Freimaurerei zu studieren. Die wichtigsten sind in den Übersetzungen von Karl Haselböck, Freude an der Wahrheit, Sobieskig. 18/13, A-1090 Wien, erhältlich.

Parteien erkannt. P. Denis Fahey bezeichnete diesen Entscheidungskampf als „Pius IX. gegen die pantheistische Vergöttlichung des Menschen."[10] Und als Sprecher der anderen Seite erklärte der französische Freimaurer Ferdinand Buisson ähnlich: „Eine Schule kann nicht neutral bleiben zwischen dem *Syllabus* und der »Erklärung der Menschenrechte«."[11]

---

[10] Fr. Denis Fahey, C.S.Sp., *The Mystical Body of Christ in the Modern World* (Regina Publications, Dublin 1939), Kapitel VII.

[11] *Ibidem*, S.116 (143).

„Liberale Katholiken"

Und doch erlebte das 19. Jahrhundert eine neue Art Katholiken, die utopischerweise einen Kompromiß zwischen den beiden suchten. Diese Männer suchten das, was sie in den Prinzipien von 1789 für „gut" hielten, und versuchten, es in die katholische Kirche einzubringen. Viele, vom Zeitgeist angesteckte Kleriker wurden in diesem „in den Sakristeien und Seminaren" ausgeworfenen Netz gefangen. Sie wurden als „Liberale Katholiken" bekannt. Papst Pius IX. machte die Bemerkung, sie seien die schlimmsten Feinde der Kirche. Trotzdem nahm ihre Zahl zu.

Papst Pius X. und der Modernismus

Diese Krise erreichte in etwa zu Beginn des 20. Jahrhunderts ihren Höhepunkt, als der Liberalismus von 1789 vom Wind zum Wirbelsturm des Modernismus anwuchs. P. Vincent Miceli stellte diese Häresie als solche heraus, indem er die „Dreieinigkeit der Wurzeln" des Modernismus bezeichnete. Er schrieb:

1) Der religiöse Vorfahre ist die (protestantische) Reformation;

2) Der philosophische Vater ist die Aufklärung;

3) Die politische Abstammung liegt in der Französischen Revolution.[12]

Papst Pius X., der den päpstlichen Thron 1903 bestieg, erkannte den Modernismus als eine sicher tödliche Seuche, die es aufzuhalten galt. Er schrieb, die wichtigste Verpflichtung des Papstes sei es, die Reinheit und Unberührtheit der katholischen Lehre sicherzustellen; er stellte weiterhin fest, daß er in seiner wichtigsten Pflicht versagen würde, wenn er nichts unternähme.[13]

Der heilige Pius X. führte Krieg gegen den Mo-

---

[12] P. Vincent Miceli, *The Antichrist* (Roman Catholic Books, Harrison, New York), S.133.

[13] Pius X., *Pascendi Dominici Gregis*, (Karl Haselböck, Freude an der Wahrheit Nr. 20, Wien 1991), S.3.

dernismus, gab eine Enyklika (*Pascendi*) und eine Sammlung verurteilter Lehrsätze (*Lamentabili*) gegen ihn heraus; er führte den Antimodernisteneid ein, der von allen Priestern und Lehrern der Theologie abgelegt werden mußte, reinigte die Seminare und die Universitäten von Modernisten und exkommunizierte die Hartnäckigen und Reuelosen.

Der heilige Pius X. hielt in seinen Tagen die Verbreitung des Modernismus wirksam auf. Es wird jedoch berichtet, daß, als man ihn dazu beglückwünschte, diesen schweren Irrtum ausgemerzt zu haben, er sofort antwortete, er habe es trotz all seiner Bemühungen nicht geschafft, dieses Monster zu töten, er habe es vielmehr nur in den Untergrund getrieben. Er warnte: Wenn die Führer der Kirche nicht wachsam seien, werde es in der Zukunft zurückkehren, bösartiger als je zuvor.[14]

---

[14] P. Vincent Miceli, *The Antichrist*, Kassettenvortrag, Keep the Faith Inc., North Haledon, NJ.

Die Kurie ist auf der Hut

Ein wenig bekanntes Drama, das sich unter der Regierung von Papst Pius XI. ereignete, zeigt, daß die Untergrundströmung des modernistischen Gedankengutes in der Zeitspanne unmittelbar nach Pius X. lebendig und stark war.

P. Raymond Dulac berichtet, Papst Pius XI. habe im Konsistorium vom 23. Februar 1923 dreißig Kardinäle über die Zweckmäßigkeit befragt, ein ökumenisches Konzil einzuberufen. Anwesend waren so berühmte Prälaten wie die Kardinäle Merry del Val, De Lai, Gasparri, Boggiani und Billot. Die Kardinäle rieten davon ab.

Kardinal Billot warnte: „Das Vorhandensein tiefer Differenzen quer durch den Episkopat kann nicht verheimlicht werden... [Sie] führen möglicherweise zu Diskussionen, die kein Ende nehmen."

Boggiani erinnerte an die modernistischen Theorien, von denen, wie er sagte, ein Teil des Klerus und der Bischöfe nicht ausgenommen seien. „Diese Mentalität könnte bestimmte Väter dazu bewegen, Anträge zu stellen und Methoden einzuführen, die mit den katholischen Traditionen unvereinbar sind."

Billot war noch genauer. Er brachte seine Furcht zum Ausdruck, das Konzil könnte „manövriert" werden durch „die schlimmsten Feinde der Kirche, die

Modernisten, die, wie gewisse Hinweise zeigen, bereits im Begriff sind, die Revolution in der Kirche, ein **neues 1789**, hervorzubringen."[15]

Indem sie aus diesen Gründen von einem Konzil abrieten, erwiesen sich diese Kardinäle fähiger, die „Zeichen der Zeit" zu erkennen, als alle Theologen nach dem Zweiten Vatikanum zusammen. Ihre Warnung könnte sogar in etwas noch Tieferem wurzeln. Sie könnten von Gedanken an die Schriften des berüchtigten Illuminaten, des exkommunizierten Kanonikus Roca (1830-1893) verfolgt gewesen sein, der die Revolution und eine Kirchen„reform" predigte und der den Umsturz der Kirche, ausgelöst durch ein Konzil, voraussagte.

---

[15] Raymond Dulac, *Bischöfliche Kollegialität beim Zweiten Vatikanischen Konzil* (Cedre, Paris 1979), SS.9-10.

Kanonikus Rocas revolutionäre Delirien

In seinem Buch *Athanasius und die Kirche unserer Zeit* erwähnt Bischof Graber Kanonikus Rocas Voraussage „einer neuen erleuchteten Kirche, die vom Sozialismus Jesu und seiner Apostel beeinflußt ist."[16]

In der Mitte des 19. Jahrhunderts hatte Roca vorhergesagt: „Die neue Kirche, die vielleicht nichts mehr von der scholastischen Lehre und von der Urform der früheren Kirche bewahren wird können, wird nichtsdestoweniger von Rom die Weihe und die kanonische Jurisdiktion empfangen." In seinem Kommentar zu dieser Vorhersage stellt Bischof Graber fest: „Noch vor wenigen Jahren konnten wir uns dies nicht vorstellen, aber heute...?"[17]

Kanonikus Roca sagte auch eine liturgische „Reform" voraus. Im Hinblick auf die zukünftige Liturgie glaubte er, „daß der göttliche Kult, so wie ihn die Liturgie, das Zeremoniell, das Ritual und die Vorschriften der römischen Kirche regeln, demnächst auf einem **ökumenischen Konzil** (!) eine Umwandlung erfahren wird, die ihm die verehrungswürdige Einfachheit des goldenen apostolischen Zeitalters

---

[16] Bischof Dr. Rudolf Graber, *Athanasius und die Kirche unserer Zeit* (J.Kral, Abensberg 1996), S.35.

[17] *Ibidem*, S.36.

zurückgeben wird in Übereinstimmung mit dem Gewissen und der modernen Zivilisation."[18]

Er sagte voraus, daß durch dieses Konzil „eine vollendete Übereinstimmung der Ideale der modernen Zivilisation und jener Christi und Seines Evangeliums" eingeleitet werde. „Das wird die Weihe der neuen Sozialordnung und die feierliche Taufe der modernen Zivilisation sein."

Roca sprach auch über die Zukunft des Papsttums. Er schrieb: „Eine Opferung bahnt sich an, die eine feierliche Sühne darstellt... Das Papsttum wird fallen; es wird sterben unter dem geheiligten Messer, das die Väter des letzten Konzils schmieden werden. Der päpstliche Cäsar ist eine für das Opfer gekrönte Hostie." [19]

Roca sagte begeistert eine „neue Religion", ein „neues Dogma", ein „neues Ritual", ein „neues Priestertum" voraus. „Die neuen Priester bezeichnete er als »Progressisten« [sic], er spricht von der »Unterdrückung« der Soutane und von der Heirat der Priester." [20]

Einen beklemmenden Widerhall Rocas und der Alta Vendita findet man in den Worten des Rosenkreuzers Dr. Rudolf Steiner, der 1910 erklärte: „Wir brauchen ein Konzil und einen Papst, der es ausruft." [21]

---

[18] *Ibidem.*

[19] *Ibidem.*

[20] *Ibidem*, S.37.

[21] *Ibidem*, S.36.

Das Große Konzil, das es nie gab

Um 1948 zog Papst Pius XII. auf die Bitte des unerschütterlich rechtgläubigen Kardinals Ruffini hin die Einberufung eines allgemeinen Konzils in Erwägung und verbrachte sogar einige Jahre mit den nötigen Vorbereitungen. Es gibt Beweise dafür, daß progressive Elemente in Rom schließlich Pius XII. davon abbrachten, es zu verwirklichen, da diese Konzilsvorbereitungen ausdrückliche Hinweise darauf gaben, im Einklang mit *Humani Generis* zu stehen. So wie dieses große Rundschreiben von 1950, würde dieses Konzil „falsche Ansichten, die die Grundlagen der katholischen Lehre zu untergraben drohen" bekämpfen.[22]

Tragischerweise kam Papst Pius XII. zur Überzeugung, er sei in den Jahren zu fortgeschritten, um diese monumentale Aufgabe auf sich zu nehmen, und er fand sich mit dem Gedanken ab, daß „dies eine Aufgabe für seinen Nachfolger" sein würde.[23]

---

[22] Eine vollständige Erzählung dieser faszinierenden Geschichte findet man in: Frère Michel de la Trinité, *The Whole Truth About Fatima*, vol. 3 „The Third Secret" (Immaculate Heart Publications, Ft. Erie, Ontario, 1990), SS.257-304.

[23] *Ibidem*, S.298.

Roncalli „erteilt dem Ökumenismus die kirchliche Weihe"

Während des Pontifikates Papst Pius' XII. (1939-1958) bewahrte das Heilige Offizium unter der fähigen Führung des Kardinal Ottaviani eine sichere katholische Landschaft, indem es die wilden Pferde des Modernismus in sicherer Umzäunung hielt. Viele der heutigen modernistischen Theologen erzählen verächtlich, wie ihnen und ihren Freunden in diesem Zeitraum „der Maulkorb angelegt" war.

Aber selbst Ottaviani konnte nicht verhindern, was 1958 geschehen sollte. Eine neue Art von Papst, „von dem die Progressisten glaubten, er unterstütze ihre Sache"[24] bestieg den päpstlichen Stuhl und zwang einen zögernden Ottaviani, das Schloß zu entfernen, die Umzäunung zu öffnen und sich selbst auf die „wilde Flucht" einzustellen.

Indes war eine solche Sachlage nicht unvorhergesehen. Anläßlich der Nachricht vom Tode Pius XII. meinte der alte Dom Lambert Beauduin, ein Freund von Kardinal Roncalli (dem zukünftigen Papst Johannes XXIII.) im vertrauten Gespräch mit P. Louis

---

[24] Léon de Poncins, Freemasons and the Vatican (Christian Book Club of America, Palmdale, California 1968), S.14.

Bouyer: „Wenn sie Roncalli wählten, wäre alles gerettet; er wäre imstande, ein Konzil einzuberufen und den Ökumenismus anzuerkennen."[25]

Und so geschah es: Kardinal Roncalli wurde gewählt und berief ein Konzil ein, das dem Ökumenismus „die kirchliche Weihe erteilte". Die „Revolution in Tiara und Chormantel" war in die Wege geleitet.

---

[25] P. Louis Bouyer, *Dom Lambert Beauduin, un homme d'Eglise* (Casterman, 1964), S.180-181; zitiert in: P. Didier Bonneterre *Die Liturgische Bewegung* (Mediatrix, Wien 1981), S.127.

Die Revolution Papst Johannes' XXIII.

Es ist wohlbekannt und hervorragend dokumentiert,[26] daß eine Clique liberaler Theologen (*periti*) und Bischöfe sich des Zweiten Vatikanums in der Absicht bemächtigte, die Kirche durch Einpflanzung einer „neuen Theologie" nach ihren eigenen Vorstellungen umzugestalten. Kritiker und Verteidiger des Zweiten Vatikanums sind sich in diesem Punkt einig.

Bischof Aloysius J. Wycislo (ein überschwenglicher Verteidiger der Revolution des Zweiten Vatikanums) erklärt in seinem Buch *Das II. Vatikanum wieder besucht* mit Begeisterung: „Theologen und Bibelgelehrte, die jahrelang unter besonderer vatikanischer Beobachtung gestanden hatten, tauchten als *periti* [theologische Experten, welche die Bischöfe beim Konzil berieten] auf, und ihre Bücher und Kommentare, verfaßt im Sog des Zweiten Vatikanums, wurden zum populären Lesestoff." [27]

Er bemerkt, daß „Papst Pius' XII. Rundschreiben *Humani Generis* eine vernichtende Auswirkung auf die Arbeit einer Anzahl vorkonziliarer Theologen"

---

[26] Cf. Ralph Wiltgen, S.V.D., *Der Rhein fließt in den Tiber*, Lins, Feldkirch 1988.

[27] Bischof Aloysius Wycislo, *Vatican II Revisited: Reflections by One Who Was There* (Alba House, New York 1987), S.10.

hatte,[28] und erklärt: „Während der ersten Vorbereitungen auf das Konzil waren jene Theologen (hauptsächlich Franzosen, einige Deutsche), deren Aktivitäten von Papst Pius XII. beschränkt worden waren, noch im Abseits. Papst Johannes hob in aller Stille den Bann, der auf einigen der einflußreichsten lastete, auf. Trotzdem blieb eine gewisse Anzahl den Beamten des Heiligen Offiziums verdächtig."[29]

Bischof Wycislo stimmt das Loblied auf die triumphierenden Progressisten wie Hans Küng, Karl Rahner, John Courtney Murray, Yves Congar, Henri de Lubac, Edward Schillebeeckx und Gregory Baum an, die vor dem Konzil als verdächtig angesehen worden waren, jetzt aber die führenden Leuchten der Theologie nach dem Zweiten Vatikanum sind.[30]

In der Tat hatten diejenigen, die Papst Pius XII. für ungeeignet gehalten hatte, die Straßen des Katholizismus abzuschreiten, jetzt die Kontrolle über die Stadt. Und wie um ihren Erfolg zu krönen, wurde kurz nach der Schließung des Konzils der Antimodernisteneid in aller Stille abgeschafft. Der heilige Pius X. hatte es richtig vorausgesehen. Ein Mangel an Wachsamkeit der Autorität hatte es dem Modernismus erlaubt, mit doppelter Kraft zurückzukehren.

---

[28] *Ibidem*, S.33

[29] *Ibidem*, S.27

[30] *Ibidem*, SS.27-34

Unter einem neuen Banner marschieren

Es gab beim Zweiten Vatikanum unzählige Schlachten zwischen der Internationalen Gruppe der Väter, die für den Erhalt der Tradition kämpften, und der progressistischen Gruppe von den Ufern des Rheins. Tragischerweise hatte am Ende letztere, das liberale und modernistische Element, die Oberhand gewonnen. [31]

Für jeden, der Augen hatte zu sehen, war es offensichtlich, daß das Konzil die Tore zu Ideen öffnete, die vorher in bezug auf die Lehre der Kirche *anathema* gewesen waren, aber im Gleichschritt mit **modernistischem Gedankengut** sind. Dies geschah nicht zufällig, sondern war beabsichtigt.

Die Progressisten beim Zweiten Vatikanum vermieden die Verurteilung modernistischer Irrtümer. Ebenso fügten sie absichtlich Zweideutigkeiten in die Konzilstexte ein, die sie nach dem Konzil auszuwerten gedachten.[32] Diese Zweideutigkeiten wurden ge-

---

[31] Die ganze Geschichte der Vereinnahmung des Konzils durch die liberalen Prälaten und Theologen und die tragischen Konsequenzen dieses modernistischen Staatsstreiches sind hervorragend geschildert in dem zitierten Werk *Der Rhein fließt in den Tiber* und in: Michael Davies, *Pope John's Council*, Arlington House, New York 1977; Angelus Press, Kansas City 1992.

[32] Diese Taktik wurde von dem liberalen Konzils-Peritus P. Ed-

braucht, um einen Ökumenismus zu fördern, der von Papst Pius XI. verurteilt worden war, eine Religionsfreiheit,[33] die von den Päpsten des 19. und frühen 20. Jahrhunderts (besonders Papst Pius IX.) verurteilt worden war, eine neue Liturgie unter Berücksichtigung des Ökumenismus, die Erzbischof Bugnini „eine große Errungenschaft der katholischen Kirche" nannte, eine Kollegialität, die in das Herz des päpstlichen Primates stieß, und „eine neue Einstellung zur Welt" – besonders in einem der radikalsten aller Konzilsdokumente, *Gaudium et Spes*.

Wie es die Autoren der *Ständigen Anweisung der Alta Vendita* gehofft hatten, fanden die Begriffe der liberalen Kultur endlich Anklang unter den Größen

---

ward Schillebeeckx zugegeben. Er sagte: „Wir werden es auf diplomatische Weise zum Ausdruck bringen, aber nach dem Konzil werden wir die notwendigen Schlußfolgerungen daraus ziehen." Cf. Romano Amerio, Iota Unum, Studio delle variazioni della Chiesa cattolica nel secolo XX, Milano-Napoli 1986. Ein anderes Zitat (in Übersetzung) von P. Schillebeeckx lautet: „Wir haben auf dem Konzil zweideutige Ausdrücke verwendet, und wir wissen, was wir nachher daraus machen werden." Cf. Erzbischof Marcel Lefebvre, *Offener Brief an die ratlosen Katholiken* (Mediatrix, Wien 1986), S.158.

[33] Michael Davies (*The Second Vatican Council and Religious Liberty*, Neumann Press, Long Prairie, Minnesota, 1992) beweist, daß die Konzilskonstitution, *Dignitatis Humanæ* (besonders no.2) einen Widerspruch zu vorheriger päpstlicher Lehre darstellt. Das gleiche gibt der progressistische Konzilstheologe P. Yves Congar ohne Bedenken zu. Siehe weiter unten.

der katholischen Hierarchie und wurden dadurch in der ganzen Kirche verbreitet. Das Resultat war eine noch nie dagewesene Glaubenskrise, die sich täglich verschlimmert. Gleichzeitig preisen zahllose hochrangige Kirchenmänner, offensichtlich benebelt durch den „Konzilsgeist", ständig jene nachkonziliaren Reformen, die zu dieser Katastrophe geführt haben.

Jubelrufe von den freimaurerischen Zuschauerrängen

Aber nicht nur viele unserer Kirchenführer, sondern auch Freimaurer feiern die Richtung, welche die Ereignisse nehmen. Sie jubeln, daß den Katholiken endlich „das Licht aufgegangen" sei, da es den Anschein hat, daß viele ihrer maurerischen Grundsätze von der Kirche gutgeheißen worden sind.

Yves Marsaudon vom Schottischen Ritus pries den auf dem Zweiten Vatikanum genährten Ökumenismus in seinem Buch *Der Ökumenismus aus der Sicht eines Freimaurers von Tradition*. Er sagte:

> Die Katholiken... sollten nicht vergessen, daß alle Wege zu Gott führen, und sie werden zugeben müssen, daß diese mutige Idee der Freidenkerei, die man zu Recht eine Revolution nennen kann – hervorgegangen aus unseren Freimaurerlogen –, sich herrlich über die Kuppel von Sankt Peter ausgebreitet hat.[34]

---

[34] Yves Marsaudon, *L'oecuménisme vu par un franc-maçon de tradition*, Edition Vitiano Paris IXe, 1964; zitiert in: Marcel Lefebvre, *Offener Brief an die ratlosen Katholiken* (Mediatrix, Wien 1986), S.134.

Der nachkonziliare Geist des Zweifels und der Revolution erwärmte offensichtlich das Herz des französischen Freimaurers Jacques Mitterand, der anerkennend schrieb:

> Es hat sich in der Kirche etwas geändert und die Antworten des Papstes auf die brennenden Fragen wie den Zölibat der Priester oder die Geburtenregelung werden innerhalb der Kirche selbst leidenschaftlich diskutiert. Das Wort des Papstes wird von gewissen Bischöfen, von Priestern und von Gläubigen in Frage gestellt. Für einen Freimaurer ist ein Mensch, der das Dogma in Frage stellt, bereits ein Freimaurer ohne Schurz.[35]

Marcel Prelot, ein Senator des Département Doubs in Frankreich, geht in seiner Darstellung dessen, was vorgefallen ist, noch viel weiter. Er schreibt:

> Wir haben eineinhalb Jahrhunderte lang gekämpft, um unseren Anschauungen innerhalb der Kirche zum Durchbruch zu verhelfen, und wir haben unser Ziel nicht erreicht. Dann kam endlich das II. Vatikanum, und wir haben triumphiert. Von nun an sind die Thesen und die Prin-

---

[35] Ohne Quellenangabe zitiert in: Marcel Lefebvre, *Offener Brief an die ratlosen Katholiken* (Mediatrix, Wien 1986), SS.133-134.

zipien des liberalen Katholizismus von der heiligen Kirche endgültig und offiziell akzeptiert. [36]

Prelots Feststellung macht einen Kommentar nötig, denn wir müssen heute zwischen der Kirche und *Kirchenmännern* unterscheiden. Trotz aller Ansprüche der Freimaurerei ist es unmöglich für Lehrirrtümer, von der katholischen Kirche als solcher „endgültig und offiziell akzeptiert" zu werden. Die Kirche, der mystische Leib Christi, kann nicht dem Irrtum verfallen. Unser Herr hat versprochen, daß „die Pforten der Hölle sie nicht überwältigen werden" (Mt 16, 18). Aber das heißt nicht, daß *Kirchenmänner*, selbst auf höchster Ebene, nicht vom liberalen Zeitgeist angesteckt werden und Ideen und Praktiken, die dem ständigen Lehramt der Kirche entgegenstehen, fördern können.[37]

---

[36] Marcel Prelot, *Le libéralisme catholique* (ed. Armand Colin, 1969); zitiert in: Marcel Lefebvre, *Offener Brief an die ratlosen Katholiken* (Mediatrix, Wien 1986), S.150.

[37] Der große Theologe Kardinal Juan de Torquemada (1388-1468) lehrt, die Lehre von Papst Innozenz III. zitierend, daß es sogar einem Papst möglich ist, gegen die allgemeinen Gewohnheiten der Kirche zu verstoßen. Torquemada schreibt: „Daher stellt Papst Innozenz III. klar (*De Consuetudine*), daß es notwendig ist, einem Papst in allen Dingen zu gehorchen, solange er nicht den allgemeinen Gebräuchen der Kirche widerspricht, daß man aber, wenn er den allgemeinen Gebräuchen widerspricht, ihm nicht zu folgen braucht." Cf. P. Paul L. Kramer, *Theologische Rechtfertigung des Festhaltens an der römisch-katholischen Tradition* (Rex Regum, Jaidhof 1999), S.59.

Ein Bruch mit der Vergangenheit

Jene „Konservativen", die leugnen, daß verschiedene Punkte im Zweiten Vatikanum einen Bruch mit der Tradition und früheren Äußerungen des Lehramtes – wenigstens durch Zweideutigkeit, Schlüsse, die gezogen werden können, und Auslassungen – darstellen, haben es versäumt, den eigentlichen Antreibern und Aufrührern des Konzils zuzuhören, die dies schamlos bestätigen.

Yves Congar, einer der Verfasser der Reform, bemerkte mit stiller Genugtuung, daß die Kirche „friedlich ihre Oktoberrevolution vollzogen" hat.[38]

Derselbe Pater Yves Congar stellte fest, daß die Erklärung der Religionsfreiheit des Zweiten Vatikanums dem *Syllabus* von Papst Pius IX. entgegensteht. Im Hinblick auf Artikel 2 dieser Erklärung sagte er:

> Es kann nicht geleugnet werden, daß ein Text wie dieser *materiell* etwas anderes sagt als der *Syllabus* von 1864, und beinahe sogar das Gegenteil der Sätze 15 und 77-79 dieses Dokumentes.[39]

---

[38] Erzbischof Marcel Lefebvre, *Offener Brief an die ratlosen Katholiken* (Mediatrix, Wien 1986), S.149.

[39] Yves Congar, O.P., *Challenge to the Church* (London, 1977), S.147; zitiert in: Michael Davies, *The Second Vatican Council and Religious Liberty* (Neumann Press, Long Prairie 1992), S.203.

Schließlich schrieb vor einigen Jahren Kardinal Ratzinger, offenbar nicht erschüttert durch dieses Eingeständnis, daß er den Konzilstext *Gaudium et Spes* für einen **„Gegensyllabus"** hält. Er stellte fest:

> Wenn man nach einer Gesamtdiagnose für den Text [*Gaudium et Spes*] sucht, könnte man sagen, daß er (in Verbindung mit den Texten über Religionsfreiheit und über die Weltreligionen) eine Revision des Syllabus Pius' IX., eine Art Gegensyllabus darstellt... Begnügen wir uns hier mit der Feststellung, daß der Text die Rolle eines Gegensyllabus spielt und insofern den Versuch einer offiziellen Versöhnung der Kirche mit der seit 1789 gewordenen neuen Zeit darstellt.[40]

Das seit 1789 neu gewordene Zeitalter besteht in seiner Auswirkung in einer Erhebung der „Menschenrechte" über die Rechte Gottes.

In Wahrheit ist Kardinal Ratzingers Kommentar beängstigend, insbesondere, da er von jenem Mann kommt, der als Präfekt der Heiligen Kongregation für die Glaubenslehre damit beauftragt ist, über die Reinheit der katholischen Lehre zu wachen. Aber wir können auch eine ähnliche Bemerkung des progressi-

---

[40] Joseph Kardinal Ratzinger, *Theologische Prinzipienlehre* (Erich Wewel, München 1982), SS. 398-399.

stischen Kardinals Suenens, selbst Konzilsvater, zitieren, der von „alten Regimen" spricht, die zu Ende gegangen seien. Die Worte, die er gebrauchte, um das Konzil zu preisen, sind äußerst vielsagend, beklemmend und belastend. Suenens erklärte: „Das Vatikanum II ist das 1789 der Kirche."[41]

---

[41] Erzbischof Marcel Lefebvre, *Offener Brief an die ratlosen Katholiken* (Mediatrix, Wien 1986), S.149.

Der Status der Dokumente des II. Vatikanums

Jahrelang haben die Katholiken unter der falschen Vorstellung gelitten, sie müßten das Pastoralkonzil, nämlich das Zweite Vatikanum, mit derselben Glaubenszustimmung, die sie den dogmatischen Konzilen schulden, annehmen. Das ist jedoch nicht der Fall.

Die Konzilsväter bezogen sich wiederholt auf das Zweite Vatikanum als einem **Pastoralkonzil**, einem Konzil, das sich nicht damit beschäftigte, den Glauben zu **definieren**, sondern **anzuwenden**.

Die Tatsache, daß das Zweite Vatikanum gegenüber einem dogmatischen Konzil untergeordnet ist, wurde durch das Zeugnis eines Konzilsvaters, nämlich Bischof Thomas Morris bestätigt, das gemäß seinem Wunsche nicht vor seinem Tod enthüllt wurde:

> Ich war erleichtert, als man uns mitteilte, daß das Konzil nicht darauf aus war, Lehrsätze zu definieren oder endgültige Erklärungen abzugeben, denn ein Lehrsatz muß sehr sorgfältig formuliert werden, und ich habe im Gegensatz dazu die Konzilsdokumente als Versuch und als reformbedürftig angesehen.[42]

---

[42] Bischof Morris in einem Interview mit Kieron Woods von der *Catholic World News* vom 27. September 1997.

Beim Abschluß des Zweiten Vatikanums fragten die Bischöfe den Generalsekretär des Konzils, Erzbischof Pericle Felici, nach dem, was Theologen die „theologische Note" des Konzils nennen, das heißt, nach dem lehramtlichen „Gewicht" der Lehren des Vatikanum II. Felici antwortete:

> Man muß je nach den Schemata jene Kapitel, die bereits in der Vergangenheit Gegenstand dogmatischer Definitionen gewesen sind, von den übrigen unterscheiden. Was die Erklärungen betrifft, die den Charakter einer Neuerung haben, muß man Zurückhaltung üben.[43]

Nach dem Abschluß des Zweiten Vatikanums gab Paul VI. diese Erklärung:

> Da gibt es diejenigen, die fragen, welche Autorität, welche theologische Qualifikation das Konzil seinen Lehren geben wollte, wohlwissend, daß es vermied, feierliche dogmatische Definitionen, die Unfehlbarkeit beanspruchen, zu verabschieden. Die Antwort kennt jeder, der sich an die Konzilserklärung vom 6. März 1964,

---

[43] Erzbischof Pericle Felici mündlich; zitiert in: Erzbischof Marcel Lefebvre, *Offener Brief an die ratlosen Katholiken* (Mediatrix, Wien 1986), S.160.

wiederholt am 16. November 1964, erinnert: Angesichts des pastoralen Charakters des Konzils vermied es dieses, auf außerordentliche Weise Dogmen mit dem Merkmal der Unfehlbarkeit zu verkünden.[44]

Mit anderen Worten: Das Zweite Vatikanum beansprucht im Gegensatz zu einem dogmatischen Konzil keine unbedingte Glaubenszustimmung.

Die wortreichen und zweideutigen Sätze des Zweiten Vatikanums stehen nicht auf gleichem Niveau mit dogmatischen Verkündigungen. Daher sind auch die Neuerungen des Zweiten Vatikanums für den Gläubigen nicht unbedingt bindend. Katholiken dürfen „Vorbehalte äußern" und sogar jenen Lehren des Konzils widerstehen, welche mit dem ständigen Lehramt der Jahrhunderte im Widerstreit stehen.

---

[44] Cf. Atila Sinke Guimaraes, *In the Murky Waters of Vatican II* (TAN Books, 1999), SS.111-112.

„Eine Revolution in Tiara und Chormantel"

Die nachkonziliare Revolution weist alle Merkmale der Erfüllung der Pläne der *Ständigen Anweisung der Alta Vendita* sowie der Prophezeiungen des Kanonikus Roca auf:

1) Die ganze Welt hat einen tiefgehenden Wandel innerhalb der katholischen Kirche auf internationaler Ebene erlebt, einen Wandel, der sich im Gleichschritt mit der modernen Welt vollzieht.

2) Die Verteidiger und die Gegner des Zweiten Vatikanums betonen übereinstimmend, daß gewisse lehramtliche Ausrichtungen des Konzils und seit dem Konzil einen Bruch mit der Vergangenheit darstellen.

3) Die Freimaurer selbst jubeln, daß dank des Konzils ihre Ideen „sich so herrlich über die Kuppel von Sankt Peter ausgebreitet" haben.

Der Leidensweg der Kirche

Daher ist der Leidensweg, den unsere heilige Kirche gegenwärtig geht, auch kein großes Geheimnis. Indem sie die Päpste der Vergangenheit rücksichtslos ignorierten, haben unsere gegenwärtigen Kirchenführer eine kompromittierte Struktur errichtet, die in sich selbst zusammenfällt. Obwohl Paul VI. darüber klagte, daß sich „die Kirche in einem Zustand der Selbstzerstörung" befände, beharrte er, wie das gegenwärtige Pontifikat, darauf, daß das für die Selbstzerstörung verantwortliche verheerende *aggiornamento* mit Volldampf weiter vorangetrieben werde.

Angesichts dieser **„teuflischen Verwirrung"** (Worte, die Schwester Lucia von Fatima gebrauchte, um die gegenwärtige Geisteshaltung vieler in der heutigen Hierarchie zu beschreiben) ist die einzige Antwort für alle betroffenen Katholiken:

1) Viel zu beten, vor allem den Rosenkranz;

2) die überlieferte Glaubens- und Sittenlehre, wie sie in den vorkonziliaren Schriften vorgefunden wird, sich anzueignen und sie zu leben;

3) der lateinischen tridentinischen Messe anzuhangen, in welcher der katholische Glaube und der Geist der Anbetung unbeeinflußt vom heutigen Ökumenismus in ihrer Fülle zu finden sind;

4) mit ganzer Seele allen liberalen nachkonziliaren Strömungen, die am mystischen Leibe Christi Verwüstungen anrichten, zu widerstehen;

5) andere liebevoll in den Glaubensüberlieferungen zu unterrichten und sie vor den Zeitirrtümern zu warnen;

6) zu beten, daß eine ansteckende Rückkehr zur Vernunft eine ausreichende Anzahl Kirchenfürsten mitreißen möge;

7) großes Vertrauen in Unsere Liebe Frau und in ihre Macht zu setzen, die imstande ist, unsere Kirchenführer zur katholischen Tradition zurückzuführen;

8) niemals einen Kompromiß einzugehen.

„Nur Sie kann euch helfen"

Da der gegenwärtige Kampf wesensmäßig eine übernatürliche Schlacht ist, dürfen wir die übernatürliche Hilfe, die uns in Fatima 1917 gegeben wurde, nicht außer acht lassen. Alle betroffenen Katholiken sollten getreu die Bitten Unserer Lieben Frau von Fatima erfüllen und besonders für die Weihe Rußlands an das Unbefleckte Herz Mariä beten und arbeiten. Das wird der Schlüssel sein zur Zerstörung der „Irrtümer Rußlands" nicht nur in Rußland, sondern weltweit, einschließlich innerhalb der Kirche. Denn in dem versprochenen Triumph des Unbefleckten Herzens werden die unbußfertigen Werkzeuge des Liberalismus, Modernismus und Naturalismus mit dem Fürsten dieser Welt zu einer großen ökumenischen Versammlung zusammengerufen werden, damit ihnen gemeinsam vom Fuß der Himmelskönigin das Haupt zertreten werde.

Anhang I

DER HASS DER FREIMAUREREI GEGEN DIE KATHOLISCHE KIRCHE

Das größte Hindernis in der Diskussion über Themen wie die *Alta Vendita* ist, daß viele Leute, Katholiken eingeschlossen, sich weigern zu glauben, daß die Freimaurerei die Kirche in einem solchen Ausmaß haßt, daß sie gegen sie in einer unentwegten, ausgeklügelten Kampagne Krieg führt.

Dennoch ist der Haß der Freimaurerei auf den Katholizismus und deren unverhohlenes Ziel, die Kirche zu zerstören, in katholischen wie in freimaurerischen Dokumenten in gleicher Weise bestätigt.

Zur Zeit der Französischen Revolution war der wohlbekannte Schlachtruf der Freimaurerei „Thron und Altar zu stürzen", d.h., die Monarchien und den Katholizismus. Im späten 18. Jahrhundert schrieb der frühere Freimaurer, P. Augustine Barruel, „das Ziel ihrer Verschwörung sei, jeden Altar, auf dem Christus angebetet wird, umzustürzen."[45]

Eines der dramatischesten Beispiele für den Haß der Freimaurerei auf Christus und seine Kirche findet sich in der Erklärung des Internationalen Kongresses in Genf 1868 und wird in Msgr. Dillons großartigem

---

[45] P. Vincent Miceli, *Freemasonry and the Church*, Kassettenvortrag, Keep the Faith, Inc., Montvale, New Jersey.

Buch *Grand-Orient-Freimaurerei entlarvt* angeführt. Ein Teil der Erklärung dieses Kongresses lautet:

> Nieder denn mit Gott und Christus! Nieder mit den Despoten des Himmels und der Erde! Tod den Priestern! Das ist das Motto unseres großen Kreuzzuges.[46]

Die Päpste gegen das Neuheidentum

Die großen, wachsamen Päpste des späten 18., des 19. und der ersten Hälfte des 20. Jahrhunderts schlugen ständig Alarm gegen die Geheimgesellschaften, ihre liberalen Grundsätze und ihren Haß auf die Christenheit.

P. E. Cahill S.J., schreibt in seinem Buch *Die Freimaurerei und die antichristliche Bewegung*:

> Die päpstlichen Verurteilungen der Freimaurerei sind so streng und durchgreifend in ihrer Grundhaltung, daß sie durchaus einzigartig in der Geschichte kirchlicher Gesetzgebung dastehen. In

---

[46] Msgr. Georges Dillon, *Grand Orient Freemasonry Unmasked* (Gill, Dublin 1885; repr. Christian Book Club, Palmdale, California, ohne Datum), S.8.

den letzten zwei Jahrhunderten wurde die Freimaurerei von wenigstens zehn Päpsten ausdrücklich mit dem anathema belegt und wurde direkt oder indirekt von fast jedem Papst, der auf dem Stuhl Petri saß, verurteilt... Die Päpste bezichtigen die Freimaurer okkulter, krimineller Tätigkeiten, „schändlicher Taten", der Verehrung Satans selbst (eine Bezichtigung, die in einigen päpstlichen Dokumenten angedeutet ist), der Niedertracht, Gotteslästerung, Sakrilegien und der schaurigsten Häresien früherer Zeiten; der systematischen Praxis von Morden; des Verrates gegen den Staat, der anarchistischen und revolutionären Grundsätze und der Begünstigung und Förderung dessen, was man heute Bolschewismus (russischen Kommunismus) nennt; der Zerrüttung und Pervertierung der Gesinnung der Jugend; der schändlichen Scheinheiligkeit und Lüge, mit Hilfe welcher die Freimaurer danach streben, ihre Bosheit unter einem Mantel der Redlichkeit und des Anstandes zu verbergen, während sie in Wirklichkeit die wahre „Synagoge Satans" sind, deren Ziel und Zweck die völlige Zerstörung der Christenheit ist.[47]

---

[47] P. E. Cahill S.J., *Freemasonry and the Anti-Christian Movement* (Gill, Dublin 1959), keine Seitenangabe; zitiert in: P. Denis Fahey, *Apologia pro Vita Mea* (Christian Book Club, Palmdale, California), keine Seitenangabe.

Papst Leo XIII.

Unter all den Verurteilungen der Freimaurerei ist Papst Leo XIII. Rundschreiben *Humanum Genus* unvergleichlich in seiner Kraft und Klarheit. Eine vollständigere und deutlichere Erklärung und Verurteilung der Übel und Irrtümer der Freimaurerei wird man in keiner anderen lehramtlichen Äußerung finden. Wieder und wieder betont der Papst in diesem Rundschreiben, daß **das Ziel der Freimaurerei nichts weniger ist als die völlige Zerstörung der Kirche und der Christenheit**. Er schreibt:

> Denn schon halten diese ihre Pläne nicht mehr geheim, und sie stacheln sich höchst verwegen untereinander auf gegen den allmächtigen Gott. Offen und ungescheut arbeiten sie daran, die Kirche zu vernichten; und zwar in der Absicht, – wenn es möglich wäre – die christlichen Völker aller Güter gänzlich zu berauben, die ihnen durch unseren Heiland Jesus Christus zuteil geworden sind.[48]

Papst Leo XIII. erklärt, daß die Freimaurerei ihrem Wesen nach antichristlich ist, da sie auf dem

---

[48] Papst Leo XIII., *Humanum Genus* (Karl Haselböck, Freude an der Wahrheit Nr. 63, Wien 1991), S.4.

Naturalismus beruht. Der Naturalismus glaubt, daß die menschliche Natur und der Menschenverstand höchste Norm seien und es keine von Gott geoffenbarten Wahrheiten, welche die Menschen zu glauben verpflichtet sind, gibt.

Die Naturalisten leugnen die Autorität der katholischen Kirche als Gottes Stimme auf Erden und „darum gilt ihr ganz besonders der grimmige Kampf der Feinde."[49] Papst Leo XIII. weist auf das Zeugnis jener hin, „welche in die Sekte eingeweiht" sind, und die

> früher schon und auch in neuester Zeit dies als den wahren Plan der Maurer erklärten: Die katholische Kirche nämlich aufs äußerste zu bekämpfen; und nicht zu ruhen, bis sie alles ausgerottet hätten, was immer die Päpste um der Religion willen errichtet haben.[50]

Auch stellt er fest, daß die Freimaurer es als Rechtens erachten, daß man „ungestraft [...] in Rede, Schrift und Lehrvorträgen sogar die Fundamente der katholischen Lehre" angreift.[51]

Papst Leo erklärte, daß eines ihrer wirksamsten Mittel, gegen die Kirche Krieg zu führen, die Förde-

---

[49] *Ibidem*, S.9.

[50] *Ibidem*, S.10.

[51] *Ibidem*.

rung des religiösen Indifferentismus sei, also der Idee, daß es keinen Unterschied mache, welcher Religion man angehöre.[52] Dies aber untergräbt alle Religionen, vor allem aber die katholische, da nur die katholische Kirche mit Bestimmtheit lehrt (und wirksam zeigt), daß sie die eine, wahre, von Gott gestiftete Religion ist.

Die Freimaurer selbst rühmen sich, die treibende Kraft hinter der „Erklärung der Menschenrechte" und der Französischen Revolution gewesen zu sein.[53] Ihre Absicht ist es, die Kultur von ihren christlichen Verankerungen zu lösen und sie auf das Fundament des Naturalismus zu setzen, wo Gott keinen Platz hat. Es war dieses verderbliche Ziel, das Papst Leo XIII. meinte, als er sagte:

> Denn die Religion und die Kirche, welche Gott gegründet hat und auf immer schirmt, zerstören zu wollen und das Heidentum mit dessen Sitten und Gebräuchen nach achtzehnhundert Jahren wieder zurückrufen zu wollen: das ist doch ein Beweis von ganz außerordentlicher Torheit und gottlosem Frevel.[54]

---

[52] Cf. *ibidem*.

[53] Cf. Fr. Denis Fahey, C.S.Sp., *The Mystical Body of Christ in the Modern World* (Regina Publications, Dublin 1939), Kapitel V-VIII.

[54] Papst Leo XIII., *Humanum Genus* (Karl Haselböck, Freude an der Wahrheit Nr. 63, Wien 1991), S.15.

Diejenigen, die sich weigern zu glauben, daß die Freimaurerei auf die Zerstörung der Kirche hinarbeitet, handeln einfach deshalb so, weil sie es **nicht glauben wollen**. Die Päpste und die Freimaurer selbst sorgen für ausreichende Zeugnisse für den maurerischen Haß und den eingestandenen Krieg gegen die katholische Kirche.

Anhang II

ANTIMODERNISTENEID

DER ANTIMODERNISTENEID

angeordnet von Papst Pius X. am 1. September 1910 und verpflichtend für alle Priester und Professoren der Philosophie und Theologie. 1967 von Paul VI. abgeschafft.

Ich umfasse fest und nehme an alles und jedes einzelne, was vom irrtumslosen Lehramt der Kirche bestimmt, aufgestellt und erklärt ist, besonders die Hauptstücke ihrer Lehre, die unmittelbar den Irrtümern der Gegenwart entgegen sind.

Erstens: Ich bekenne, daß Gott, der Ursprung und das Ende aller Dinge, mit dem natürlichen Licht der Vernunft durch das, was geschaffen ist, d.h. durch die sichtbaren Werke der Schöpfung, als Ursache mittels der Wirkung, mit Sicherheit erkannt und auch bewiesen werden kann.

Zweitens: Ich erkenne die äußeren Beweismittel der Offenbarung an, d.h. die Werke Gottes, in erster Linie die Wunder und Prophezeiungen, als ganz sichere Zeichen des göttlichen Ursprungs der christlichen Religion. Ich halte fest, daß sie dem Geist aller Zeiten und Menschen, auch der Gegenwart, auf das beste angepaßt sind.

Drittens: Fest glaube ich, daß die Kirche, die Hüterin und Lehrerin des geoffenbarten Wortes, durch den wahren und geschichtlichen Christus selbst, während seines Lebens unter uns, unmittelbar und direkt eingesetzt und daß sie auf Petrus, den Fürsten der apostolischen Hierarchie, und auf seine steten Nachfolger gebaut wurde.

Viertens: Ohne Rückhalt nehme ich die Glaubenslehre an, die von den Aposteln durch die rechtgläubigen Väter stets in demselben Sinn und in derselben Bedeutung bis auf uns gekommen ist. Deshalb verwerfe ich ganz und gar die irrgläubige Erfindung einer Entwicklung der Glaubenssätze, die von einem Sinn zu einem andern übergingen, der abweiche von dem Sinn, den die Kirche einst gemeint habe. Ebenso verwerfe ich jeden Irrtum, der das göttliche, der Braut Christi übergebene Vermächtnis, das von ihr treu bewahrt werden soll, durch eine Erfindung philosophischen Denkens oder durch eine Schöpfung des menschlichen Bewußtseins ersetzen will, das durch menschliches Bemühen langsam ausgebildet wurde und sich in Zukunft in unbegrenztem Fortschritt vollenden soll.

Fünftens: Als ganz sicher halte ich fest und bekenne aufrichtig, daß der Glaube nicht ein blindes religiöses Gefühl ist, das aus dem Dunkel des Unterbewußtseins im Drang des Herzens und aus der Neigung des sittlich geformten Willens entspringt, sondern daß er eine wahre Zustimmung des Verstandes zu der von außen durch Hören empfangenen Wahrheit ist, durch die wir auf die Autorität Gottes des Allwahrhaftigen hin für wahr halten, was uns vom persönlichen Gott, unserm Schöpfer und Herrn, bezeugt und geoffenbart worden ist.

In schuldiger Ehrfurcht unterwerfe ich mich und mit ganzem Herzen schließe ich mich an allen Verurteilungen, Erklärungen, Vorschriften, wie sie im Rundschreiben *Pascendi* und im Entscheid *Lamentabili* enthalten sind, besonders, insoweit sie sich auf die sogenannte Dogmengeschichte beziehen. Auch verwerfe ich den Irrtum derer, die behaupten, der von der Kirche vorgelegte Glaube könne der Geschichte widerstreiten und die katholischen Glaubenssätze könnten in dem Sinn, in dem sie jetzt verstanden werden, mit den Ursprüngen der christlichen Religion, wie sie wirklich waren, nicht in Einklang gebracht werden.

Ich verurteile und verwerfe auch die Auffassung derer, die sagen, ein gebildeter Christ führe ein Doppeldasein, das Dasein des Gläubigen und das Dasein des Geschichtsforschers, als ob es dem Geschichtsforscher erlaubt wäre, festzustellen, was der Glaubenswahrheit des Gläubigen widerspricht, oder

Voraussetzungen aufzustellen, aus denen sich ergibt, daß die Glaubenssätze falsch oder zweifelhaft sind, wenn man sie nur nicht direkt leugnet.

Ich verwerfe ebenso eine Weise, die Heilige Schrift zu beurteilen und zu erklären, die die Überlieferung der Kirche, die Entsprechung zum Glauben (*analogia fidei*) und die Normen des Apostolischen Stuhls außer acht läßt, die sich den Erfindungen der Rationalisten anschließt und die Textkritik ebenso unerlaubt wie unvorsichtig als einzige oberste Regel anerkennt.

Auch die Auffassung derer verwerfe ich, die daran festhalten, ein Lehrer der theologischen Geschichtswissenschaften oder ein Schriftsteller auf diesem Gebiet müsse zuerst jede vorgefaßte Meinung vom übernatürlichen Ursprung der katholischen Überlieferung oder von einer Verheißung der göttlichen Hilfe zur steten Bewahrung einer jeden geoffenbarten Wahrheit ablehnen. Die Schriften der einzelnen Väter müßten nach rein wissenschaftlichen Grundsätzen erklärt werden unter Ausschluß jeder kirchlichen Autorität und mit derselben Freiheit des Urteils, mit der man jedes außerkirchliche Denkmal der Geschichte erforscht.

Endlich bekenne ich ganz allgemein: Ich habe nichts zu schaffen mit dem Irrtum, der die Modernisten glauben läßt, die heilige Überlieferung enthalte nichts Göttliches, oder, was noch viel schlimmer ist, der sie zu einer pantheistischen Deutung der Überlieferung führt, so daß nichts mehr übrigbleibt als die nackte, einfache Tatsache, die in einer Linie steht mit den gewöhnlichen Geschehnissen der Geschichte, die Tatsache nämlich, daß Menschen durch ihre eigenen Bemühungen, durch ihre Sorgfalt und Einsicht die von Christus und seinen Aposteln begonnene Schule in den nachfolgenden Zeitabschnitten fortsetzten. So halte ich denn fest, und bis zum letzten Hauch meines Lebens werde ich festhalten den Glauben der Väter an die sichere Gnadengabe der Wahrheit, die in der Nachfolge des bischöflichen Amtes seit den Aposteln ist, war und immer sein wird, so daß nicht das Glaubensgegenstand ist, was entsprechend der Kultur eines jeden Zeitabschnittes besser und passender scheinen könnte, sondern daß niemals in verschiedener Weise geglaubt, nie anders verstanden wird die absolute, unabänderliche Wahrheit, die seit Anfang von den Aposteln gepredigt wurde.

Ich gelobe, daß ich das alles getreu, unversehrt und rein beobachten und unverletzt bewahren, daß ich in der Lehre oder in jeder Art von Wort und Schrift nie davon abweichen werde. So gelobe ich, so schwöre ich, so helfe mir Gott und dieses heilige Evangelium Gottes.*

---

* Kirchlich approbierte deutsche Übersetzung, sprachlich durchgesehen und neu veröffentlicht von Karl Haselböck, Freude an der Wahrheit Nr. 17, Wien 1991.

GEBET FÜR DIE BEKEHRUNG DER FREIMAURER

Herr Jesus Christus, Du offenbarst Deine Allmacht am meisten, wenn Du verschonst und Dich erbarmst. Du hast gesagt: „Betet für jene, die euch verfolgen und verleumden". Wir erflehen die Milde Deines heiligsten Herzens für die nach dem Ebenbild Gottes geschaffenen Seelen, die aber durch die tückischen Arglisten der Freimaurer furchtbar getäuscht sind und sich mehr und mehr auf den Weg des ewigen Verderbens verirren. Laß die Kirche, Deine Braut, von ihnen nicht länger unterdrückt werden; sei vielmehr durch die Fürsprache der allerseligsten Jungfrau, Deiner Mutter, und durch die Gebete der Heiligen besänftigt und gedenke Deiner unendlichen Barmherzigkeit. Ungeachtet ihrer Verderbtheit, führe eben diese Menschen zu Dir zurück, auf daß sie der Kirche durch eine reiche Buße Tröstung bringen, für ihre Untaten Wiedergutmachung leisten und für sich selbst die ewige Seligkeit sichern. Der Du lebst und herrschest in Ewigkeit. Amen. *

---

* Rückübersetzung aus der Raccolta, 8. Auflage, S.410.

NEUERSCHEINUNGEN

P. Franz Schmidberger

Das Sakrament der Beichte

44 Seiten, broschiert

Eine wertvolle Katechese über das heute fast überall vergessene und mißachtete Sakrament der Buße mit einem Beichtspiegel, der u.a. auf einige besonders häufige Sünden unserer Zeit Bezug nimmt. Sehr empfehlenswert.

P. Franz Schmidberger

Theologie und Spiritualität des heiligen Meßopfers

52 Seiten, broschiert

Welcher Katholik wäre nicht betroffen über die Änderungen in der Liturgie nach dem II. Vatikanischen Konzil? Lehre und Spiritualität des hl. Meßopfers werden hier im harmonischen Zusammenhang dargestellt, der neue Ritus kritisch beleuchtet.